JN439167

나는, 바람과 함께 세상을 걸었다

최영희 제5시집

계간문예

나는, 바람과 함께 세상을 걸었다

| 시인의 말 |

제 4시집을 내고 6년 만이다. 코로나19의 사회적 현상으로 인해 작품을 정리하고 시간만 보내다, 출판을 결심한다.

작품을 다시 정리하면서 보아도, 그동안 나의 詩적 性向에 크게 벗어나지 못함을 스스로 느낀다. 이는 나의 시적 성향이려니 스스로를 위로하며 그간에 각 문학지, 등에 실린 작품 등, 부족하지만 발표한 작품을 모아 제5시집으로 묶어 내고자 한다.

2004년 등단 후 여기까지 오면서 지금은 하늘나라에 계시지만 존경하는 황금찬 선생님, 그리고 지금도 늘 사랑으로 이끌어 주시는 홍금자 선생님, 두 분 스승님의 제자로서 그 가르침과 사랑에 누가 되지 않아야 한다는 생각으로 오늘도 글쓰기에 최선을 다하고자 노력한다.

부족한 글이지만 한 편 한 편의 시詩가 함께하는 독자님들께 마음의 위로가 되면 좋겠습니다.

2022년 11월, 다시 가을을 보내며

최영희

| 축하의 글 |

시의 향기와 열정이 세상 또 한 곳에서

먼저 축하의 꽃다발 한 묶음 드립니다.

시에 대한 열정은 무한한 기다림으로 낳은 자신의 갈망입니다. '시는 시인의 치장하지 않은 마음'이라고 어느 시인은 말했습니다. 시의 정원을 가꾸는 시 밭에서 시의 향기가 세상 또 한 곳에서 피어오르고 있습니다.

최 시인은 '시마을'(발행인 황금찬) 문예지의 중반기부터 함께 한 뿌리 깊은 시인입니다.

지금까지 변함없이 고단한 시의 길을 걸어왔습니다. 어느 경우에도 결코 시의 끈을 놓지 않고 묵묵히 자신의 시적 세계를 가꾸어 왔습니다. 그것은 오롯이 시에 대한 뜨거운 열정과 갈망이 있었기 때문일 것입니다.

시마을 시낭송회 100회 기념 사화집이 있습니다. 당시 기라성 같은 원로 시인들의 작품이 앞면을 장식했고 그 다음 회원들의 작품이 실렸으며 이어서 낭송을 했었습니다. 지금도 기억에 짙게 남아있는 그녀의 시 한 편이 생각납니다.

어릴 적/어머니는 날/가끔 배추밭에 데려 가셨다// 어머니가 내게 보여 주고 싶은 건/배추가 아니라/어머니 속살이었다//

적당히 거므스름한 흙은/잎들의 고향// 배추가 조금 자랐을 때/날 배추밭에 데려가 보여 준 건/파란 배추 잎 보단/어머니 마음이었다// —(중략) —

어머니가 날/ 배추밭에 데려가 보여 준 건/어머니였다

— 〈배추밭〉 일부

마치 보헤미아 작곡가 드보르작의 '자연 교향곡'에서 듣는 전원의 흙냄새가 풍겨오는 듯했습니다. 이 시를 즐겨 읽는 것은 전형적 서정시의 순수함을 드러내 보이는 동시에 시인의 때 묻지 않은 마음을 읽기 때문입니다.

이제 다시 18여 년의 시력을 가진 중견 시인, 다섯 번째의 시집 상재에 기쁜 마음으로 축하의 박수를 보냅니다. 이번 시집이 독자들에게 따뜻함을 전하며 시의 짙은 향기를 함께 공유하기를 바랍니다. 다시 축하하면서.

2022년 12월

홍금자 (시인·한국시인협회 상임위원)

■ 차례

제2부 어느 순간 우리 그러하듯이

제3부 길 위에서

제4부 나를 위한 노래

제1부

나는, 바람과 함께 세상을 걸었다

나는, 바람과 함께 세상을 걸었다

그 아름답던 순간순간
둘러보고 둘러봐도 그림자조차 없다
어디에도 없다

70여 년의 세월 바람처럼 스쳐 지나고
추억은 마른 나뭇잎처럼 한 잎 한 잎 떨어져 가는데
가슴에 남은 이 따뜻함은 무엇인가

밤이면 별과 달을 노래하고
새벽에 마주하는 환한 얼굴의 태양이 좋았다
세상이 내게 주는 사랑이었다

아-. 나는 어느 세상 무엇으로 있다 이 세상에 와
날마다 하늘을 보고 별을 보고 길 따라 피어난 꽃을 보며
행복에 겨워 세상을 걸었을까, 바람과 함께…

이렇게 가고 가면 다시는 오지 못할
세상에서의 삶!
돌아보면 아름다웠다
아-, 슬프도록 아름다웠다.

세월歲月에게

세월歲月이여!
그리 급하게만 가지 마시고
그리 무심히만 가지 마시고
지나온 길, 머물던 곳
한 번쯤
돌아보고 가자구요

세월歲月이여!
여기는 어떤가요
이웃들이 오순도순 모여 사는 곳
놀이하는 아이들
동네 한 바퀴
밥 짓는 엄마는 행복하구요
세상에 와
이보다 더한 행복 있을라구요

세월歲月이여!
임 따라 칠십여 년
저 그림 같은 아름다운 공간
내가 있네요

행복한 그림
아—, 그 안에 내가 있네요

그 안의, 순정純情은
영원하겠지요?

나의, 시詩

나의, 그리움의 시詩는 그때부터였나 보다 울 엄마 아들딸 6남매 중 넷째 딸 겨우 하나 건지시고 귀하다 귀하다 얼러 얼러
키우시다 7살을 못 키우고 하늘나라 가셨을 적 하늘도 울고 땅도 울고… 밤이면 별을 세며 부르던 엄마!- 엄마!- 슬픈 노래 세상은 넓고… 고향의 산과 들 그리고, 길가에 피어난 풀꽃들의 미소에서 천애天涯의 사랑 가슴에 담았다

슬픔 속,
외로운 나는
엄마가 되고
할머니 되고,
아-, 끝없는 그리움은
시詩가 되고
노래가 되고.

겨울 이야기

지금 내가 지나는
이 도시의 숲에선, 새들이
가난한 새들이 울고 있다

허름한 골목
군고구마 장수의 드럼통 속에선
하루 분의 불꽃
얼음 새 되어
작은 굴뚝을 빠져나간다

그리고 새는, 새는
낮은 산 구름이 되고
비탈져 오르던 언덕배기엔
우리들의 먼먼 이야기
소복소복 눈으로 내린다
서러운 겨울 이야기

화롯불 다독이며
옛이야기 들려주시던
할아버지 그리워지는 날.

내 아버지 사랑은

말로는 할 수 없는 우물 속 물만 같던
깊고도 잠잠한 내 아버지 사랑은 슬픔이었어라

아— 그 사랑, 내 어머니 하늘에 별이 되던 날
사랑은 한 마리 새처럼, 새처럼 날아가 버리고
세월은 흐르고 흘렀지만, 가슴에 고인 그리움은
우물 속 물만큼이나 잠잠하고도 깊었습니다

전설 속 아사달과 아사녀의 사랑만 슬픔이리오

아직, 내 가슴엔 들려요
비비悲悲 새 울음소리만 같던
내 아버지 가슴으로 부르던
슬픈, 사랑의 노랫소리

아- 이제는 모두가 별이 된 사랑.

산山을 찾는다

산山아!
산山아!
푸른 산山아!
편안히 잘 지냈느냐

머리에 은발을 이고서야
토끼처럼 뛰고 놀던
너를 찾아
오르고 오른다

봄이면 파릇파릇
여름이면 그늘 깊은
너의 등을 타고
좋아라, 던

고향은 아니어도
산山아!
아-, 나 이제 여기
너의 품이
고향만치 편안하구나

나는, 오늘도 길을 간다

숲으로 난 길
나는,
바람으로 간다
스치듯 간다

길섶의
풀잎들, 꽃잎들
가볍게 손을 흔들고

별이 지나고
달이 지나고
계절이 지난 길

나는,
바람으로, 바람으로
오늘을 간다.

나의 임은

코로나19의 세상에서

나의 임은 어디에 계신가. 내 삶의 절대적 스승이신 나의 임은 어디 신가. 옳고 바르게만 살라시던 임은 지금 어디 신가, 하늘과 땅이 공허하고, 불러보고 불러 봐도 대답이 없으시다. 아—, 세상이여! 나는, 지금 어디로 가고 있는가, 밝은 날, 따습던 해님도 밤하늘, 정겹던 달님도 별님도 할 말이 없으신가, 묵묵부답 표정이 없으시다.

아— 존경하옵는 나의 임이시여!
믿고 따르던 진리의 세상은
어디에 있습니까
어느 곳쯤, 입니까.

2월을 걷는다

2월을 걷는다
나무들이 있는 숲을 지날 땐
사뿐사뿐 걸어 지날 일이다

숲에서 들리는 소곤거림
소곤소곤, 소곤소곤
다시, 한 해 동안 펼쳐나갈
새 삶의 밑그림을
그리고 있음일 게다

2월, 나무들이 있는 숲을 지날 땐
봄을 실은 바람처럼 걸어보자
소곤소곤, 소곤소곤
희망의 소리 들리지 않는가
생명의 소리 들리지 않는가.

꽃의 세상
— 3월과 4월 사이

3월과 4월 사이
하늘의 축복인가
땅의 축복인가
가는 곳마다
꽃들의 환호!

아, 3월과 4월 사이
세상은 온통
꽃의 세상

나는 지금, 향기 실은
그 꽃길을 걷고 있습니다
이런 호사 또 없습니다.

민들레를 위한 연가

길가 혼자 핀 민들레야!
슬프면 울어라
세상 살아 가는데
꽃이라 슬픔이 없겠느냐

햇살하고 조금 놀고
바람하고 조금 놀고

해는 서산을 넘고
바람은 강을 건너고
울고 싶으면 울어라

아무렇지도 않은 듯
활짝 웃으며 산다는 것
슬프지 않은가
울고 싶으면 울어라

산에 산에 피는 꽃

산중
한 철
피었다 지는 꽃이여!

나뭇잎 사이 지나는
바람 소리도
세상의 사랑인 듯
청순한 미소
착하기도 하구나

해지면
달빛도 사랑이라
별을 노래하고

아—, 생의 하루
티 없이 살아서일까
이슬에 젖은
그 얼굴
맑기도 하구나.

별빛이 내려앉는 곳

아-, 아름다운 곳
여기쯤이,
이 아름다운 세상에서의
내 마지막 머무는 곳이지 싶다
(칠십이 넘어 머무는)
동화책에서나 보았음직한 광경
여기서 만난다
서산마루 노을과 함께 해가 지면
깜박깜박
하늘의 별들
아파트 16층 아래로
약속이나 한 듯 모이기 시작한다
어둠 속 동동
할 이야기도 많은가 보다
날마다 날마다
들리는 듯 들리는 듯
별들의 이야기…
함께하는
이 아름다운 광경
내게 주어진
마지막 축복이지 싶다.

낮음의 미학美學

풀밭에서

귀 기울여 보자
낮은 곳에서 들려오는
생명의 소리

풀잎들이 전하는
저- 낮음의 소리는
다툼이 없는
평화의 음音이다

양지 곁, 풀들이 자라는
평화의 뜰에 서보면 안다

사분사분
평화로움의 대화
함께 행복하구나

낮은 곳에서의
삶의 이야기
아-, 여기
그 아름다움이 있구나.

서울을 떠나며

선 자리 하늘을 본다
구름도 잠시 흐름을 멈추고
바람은 오늘따라 말이 없다

돌아보면
삶은
시간,
그 안에 함께 했구나

서울살이 반세기
소녀로 아내로 엄마로
서울과 함께한 세월
돌아보니
내 젊은 날 삶의 전부였구나

사랑하고 사랑하며
살아낸 삶
골목골목 사람과 사람 사이
참 부지런히도 오고 갔나 보다

아—, 서울이여!
마포여! 영등포여!
내 삶의 모두를 예 묻고 가노니
영-영
잊히지 않는 그리움이겠다.

예전엔, 우리 그랬다

예전엔, 우리 그랬다
고요한 숲길을 걸어서
조곤조곤 이야기 소리 들리는
이웃이 가족 같은
우리들, 그 마을로 갔다
마을로 가는 동안, 우리는
외롭다거나 쓸쓸하지 않았다
숲에서 들리는 소소한 바람 소리
땅속으로부터는 생명의 소리
마음으로 듣는
그 소리,
파릇파릇 길섶은 채워지고
곳곳 꽃잎이 트면
나비는 춤을 추고
꿈꾸는 우리처럼
새소리 하늘을 난다
숲 속 하늘이 보이는
마을로 가는 고요한 길
그 길은,
외롭다거나 쓸쓸하지 않았다
우리, 그랬다.

아름다운 사람

가슴에 사랑이 가득한
그대는
아름다운 사람

별을 사랑하고,
하늘을 사랑하고
먼 곳 슬픔까지 사랑하는
그대는
아름다운 사람

아름다운 사람에게선
꽃 같은 향기가 난다
늘 곁에 있고 싶고
멀리 있으면 그리워진다

언제나 눈으로, 눈으로
사랑을 말하는
그대는
아름다운 사람.

알 수 없는 슬픔

풀벌레가 울고 갔다
나뭇가지 하나가 오랫동안 흔들린다
풀벌레가 남기고 간
슬프도록 푸릇한 채취 때문일까
예전 우리 집 뒷동산 작은 골 하나 넘어
애기 무덤가 피었던 할미꽃
하얀 솜털 속에 비칠 듯, 비칠 듯한
꽃잎의 빨간빛
돌 지난 아기 가슴에 묻고 에였을
어머니 가슴인 양
그때도 오늘처럼 슬펐다
8월 오후 3시
빛이 사선이다
앞에 보이는 공원 빈 벤치 밑으로
길게 누운 그림자 때문일까

알 수 없는 내 슬픔처럼
내게도
풀벌레 한 마리 8월을 울고 간다.

오늘은 모두가 친구만 같다

한강으로 가는 도림천 변 쑥을 뜯는 아낙네들 모습은 변했어도 마음은 모두가 순이겠다 살풋 다가가 고향이 어디냐고 물어보고 싶다 우리 자란 고향은 심심산골 바람도 순한 곳, 봄마다 앞산 뒷산 참꽃 흐드러지고 보리밭 푸른 물결 바람에 출렁이면 논두렁 밭두렁 나물 뜯던 아이들 오늘은 여기, 도림천 변 그때 그 순이처럼 나처럼 쑥을 뜯는다 도란도란 풀밭 위 쑥을 뜯는다 여기도 저기도 쑥을 뜯는 사람들, 오늘은 이 사람도 저 사람도 모두가 친구만 같다. 햇살은 맑고…

연어 이야기
— 어머니

담수천 따라 은빛 연어
거친 물살 거슬러 오른다

세상에서 가장 아름답고 슬픈 이야기
폭포를 만나면 날고, 오르고
장엄하리만치 슬픈 몸짓
몇 날 며칠 물을 차고 오른다

어찌 잊으랴
어머니 살 내음
어찌 잊으랴
세상에서 처음 빛을 본 곳

넓은 세상 돌고 돌아
이제는 생의 끝점
이곳쯤이
어머니 잠든 곳이리라

가장 맑고 따뜻한 곳
최후의,
가장 성스러운 몸이 되어
어머니를 그리며
어머니처럼… 잠들리라

아—, 그도
가장 슬프고도 아름다운
어머니였다.

제2부

어느 순간 우리 그러하듯이

봄의 초대

봄이
초대하는
꽃! 잔치

아—, 그대!
예- 오시어
왕이 되소서

꽃길만
걸으소서.

어느 날, 병원에서

— 부부夫婦

우주를 떠도는 별이었지 싶습니다
은빛 머리의 한 여자와 남자
기차역 개찰구 같은
병원, 한편
하얀 의자에 앉아 있습니다

여자는 표 값을 계산하고
다음 여행지로 떠나기 위해
남자의 손을 잡습니다
그 남자,
세 살 적 걸음마 연습하듯
여자의 손을 잡고 일어섭니다

여자는 남자의 손을 잡고
출구를 찾습니다
이 길을 잘 뚫고 나가야
또 다른 여행길에 오를 수 있습니다

그 여자와 그 남자 출구를 향해 갑니다
사라져 가는… 그, 여자와 남자

우주를 떠도는 별이지 싶습니다
함께 반짝이는 별이지 싶습니다
영원히 함께할 별이지 싶습니다

은빛 머리의 그 여자와 그 남자
또 다른 곳으로의 여행을 위해
저만치 멀어져 갑니다.

어느 순간 우리 그러하듯이

— 대 평원에서의 코끼리 마지막을 보고

장정長程의 길
한발 한발
순한 코끼리 한 마리
고요히 무릎을 꿇는다
마른 나뭇가지와 풀들은 기도드리듯 고요하고
고단하게 바다와 산을 넘어온 해는
누군가의 마지막 시간을 위해 준비한 듯
희고 검은 아름다운 휘장을 두르고 있다
내려앉는 눈꺼풀
이제 눈을 감는다
사랑, 갈증, 슬픈 기억까지
모든 무거운 짐을 내려놓듯
코끼리 누운 몸이
평화롭다
어느 순간
이 세상 살아 있는 모든 것들의 마지막처럼

아- 그래도
저 마지막 감은 눈 속
세상에서의 기억은
슬프도록 아름다우리라
그 어느 순간 우리 그러하듯이…

참 아름다운 이야기

— 지리산 할머니 할아버지

깊고 깊은 지리산 속 별과 달, 해님과 그리고 바람과 새소리 풀과 돌멩이도 정겨운 하늘 아래 집 한 채, 할머니 할아버지는 참 이쁘게도 살고 계십니다. 우리, 다섯 살 여섯 살 소꿉놀이 하던 그때처럼… 꼬꼬야 오늘은 알을 몇 개나 낳았나? 꼬꼬야 고맙다.

나 하나, 할멈 하나! 할멈은 계란찜을 좋아한다.

영감! 내 땜시 고생이 많지? 괜찮아, 할멈이 젊어서 나 밥해 주느라 고생 많았지. 영감! 날마다 따닷하게 불 때 주어 고맙소! 할멈! 예뻐요.

내가 예뻐요? 백발에 이도 다 빠진 게 예뻐단 게 난 영감이 더 예뻐요.

할멈! 나 조기 사 왔네, 영감 욕봤소! —아궁이 앞에서 조기를 굽는 할아버지—

영감! 반달이 참 이쁘요. 영감! 나 머리가 근질근질하네. 나 머리 좀 감겨 주까? 그래 감겨 줄게 가마솥에 물 데우고… 할멈 이리 와!

우리 영감 진짜 예뻐요 내 머리도 감겨 주고…

얼레빗으로 빗어 가리고 참빗으로 다듬어 비녀를 꽂으니 할멈!

참 예뻐요. 우리 할멈 쪽진 열일곱 그때 같소! 우리 오래 살았네,

오래 살았어! 백 살까지 살고… 할멈! 오늘은 햇빛이 참 좋네. 우리 만나 일흔일곱 번째 봄이 왔네. 오늘처럼 따땃한 날 할멈하고 한날한시 소풍 가고 싶네.

* 이 이야기는 지리산에 사시는 백 살을 앞둔 할머니 할아버지 부부가 나눈 일상의 대화를 TV에서 보고 적은 것이다. 사는 모습이 그대로 詩이기 때문이다. 너무나 아름다워 눈물이 난다. 열일곱열여덟에 만나 백 살을 눈앞에 두도록 이렇게 아름답게 사랑하며 살다, 따땃한 날 함께 소풍 가듯 떠나고 싶다는 노부부의 삶이, 사는 모습이 이 땅에 왔다 가는 우리 모든 부부의 모습이면 좋겠다.

저기 저 시간, 참 오래도 서 있다
— 관악산을 오르며

본래 시간은 흘러가는 것 한 자리 오래 머물지 못한다
가는 가을 그냥 보낼 수 없어 바위, 신선처럼 서 있는 관악산, 경배하며 오른다 참 오랜 시간 관악을 지키고 계시다 아— 저 경이로움, 오르는 길목엔 어느 때부터인지 누구의 수고인지 참나무 등걸 묶어 묶어 오르는 사람들 곁 나란 나란 겸손도 하다

나무들 웅기 웅기 옛이야기
그 아래 낡은 나무의자 비워 둔 채
미래, 누군가의 시간 기다린다

나의 시간은 오늘처럼 흘러가고
관악, 저 바위산의 시간은
저대로 천 년은 더, 서 있겠다.

참치 눈물 주酒

어느 일식집
몇몇 시인들이 만나
삶을 이야기하고 있을 때
주방장이 특별 주酒라며 내온 술
참치 눈물 주酒란다
"눈물 주酒 한 잔 받으세요"
잠시 잔에 술을 따르는 사람이 취기도 아닌데
주방장이 아닌 하얀 주방모를 쓴
참치의 환영幻影으로 보인다
한생을 살아낸 이야길 말로야 어이 다 하리
이 눈물 주에 담긴 물길 따라 살다 간 삶
드넓은 태평양 바다에서
한때는 우리처럼 사랑도 했겠지
세상을 마지막 떠나며 남긴 말
눈물보다 더 진한 언어 또 있을까
우리 앞에 올려진 이 한 잔 속에 담긴
이 무언의 물빛 언어
나도 세상 떠나는 날
누군가의 가슴을 뭉클하게 할
이토록 진한 언어 한마디 남길 수 있을까.

청명清明

— 겨울 숲에서

앙상한 나뭇가지
이리저리 오고 가는
까치 소리

깍깍! 깍깍!
청량도 하다

하늘은 푸르고…

하늘과 땅
그, 사이

아- 세상은
맑음이다.

커피포트(coffeepot)

나의 이 우윳빛 자태
단아한 몸가짐
있는 듯 없는 듯 고요하지요
아무도 몰라요
내 심장이 얼마나 뜨거운지

내 사랑, 그대는 알지요
나의 그곳
사알-짝, 그대 손끝만 닿아도
난 감전되고 말아요
당신은 나의 그 짜릿한 흥분을
즐기고 있어요
그래도 난 언제나 당신을 위해
뜨거워질 준비가 되어있답니다
당신이 날 얼마나 사랑하고 있는지
알고 있기 때문입니다

혜화동 커피숍 이야기

혜화동에 가면
황금찬 시인의 체취를 느낄 수 있는
커피숍이 있다
그 카페는 아주 오래전부터
선생님께서 자주 들리시는 카페다

2층으로 가는 좁은 계단을 오르노라면
커피 향이 먼저 손님을 맞고
문을 밀치고 들어서면 고즈넉한 공간
시인들이 자주 찾는 곳이라서일까?
오래된 종이 냄새 같은 문학의 향기!
벽면에 걸린 시인들의 시詩 때문만은 아니겠다
아마, 오랜 시간 시인들이 드나들며
나눈, 문학의 이야기
이끼처럼 쌓이고 쌓였으리라

난, 약속한 날 약속 시각 스승님을 뵈러 간다
잠시 후 스승님은 오시고, 스승님은 언제나처럼
체크 베레모에 베이지색 바바리
이리 뵈어도 저리 뵈어도 온통 시인이시다

그러나, 몇 년 전부터 손에 들려진 지팡이
늦은 가을날 낙엽은 지고 겨울로 가는 길목이다
머지않아 눈은 다시 내리겠거니,
그리고 겨울은 다시 가겠다

"생각해 보면,
사람이 늙는다는 것, 눈이 녹아내리는 것 같아요."
라는
그날 내게 시처럼 들려주신 말씀,
가을 가고 겨울 가면
봄은 다시 오고자 하고,

귓가에 들리는 스승님의 음성…

내 가슴속 눈이 녹누나
녹아서 내리누나.

* 2012년 가을, 혜화동 커피숍에서 황금찬 선생님을 뵙고 …

풀草에 대하여

풀- 하고, 발음해 보자
얼마나 순진무구한지
얼마나 착한지

뿌리 내릴 곳
한 곳만 있으면
다- 가진 듯한
저 착한 눈빛이여!

옹기종기 도란도란
돋아난 풀, 그냥
풀이라 좋은갑다
나처럼,
푸른빛이 좋은갑다

한 송이 꽃

너와 나
우리,
한 송이 꽃으로
세상에 왔다면
꽃으로
꽃으로 피어야 한다

큰 꽃 작은 꽃
하얀 꽃 노란 꽃 붉은 꽃
어떤 꽃이라도 좋다

우리
꽃으로 왔다면
한 번은 피어야 한다

꽃은
꽃으로 필 때
가장 아름답다.

한낮의 적요寂寥
— 어느 여름날에

노를 젓고 싶다
누군가 그립다 말을 할까

섬과 섬 사이
바람이 불지 않는다

....

한낮이
고요하다.

참 아름다운 세상

나는 바람이었어요 꽃이었어요
돌아보면 참 예쁘게도 피었어요
외롭게 홀로 핀 꽃 슬프긴 해도
아름다웠어요 예뻤어요
아- 돌아보니 나는 바람이었어요
참 아름다운 세상,
나는 오늘도 꽃으로 피었다가
바람으로 가고 있어요
사랑하는 마음은
세상의 꽃으로 피나 봐요
나는 순간순간 세상에 꽃이었다가
다시, 바람으로 가고 있어요
아— 세상은 오늘도, 내게
꽃으로 피고 싶은 사랑이었나 봅니다.

12월, 우체국 풍경

12월,
우체국 가는 길
포근포근 눈은 오고
눈은 내리고,
우체국 안 접수대엔
하얀 파란 상자마다
설레는 듯 줄을 섰다
저 포장된 상자 속엔
어떤 마음 담았을까
유리창 밖, 폭폭
눈은 오고 눈은 쌓이고
고향으로 가는 마음
보내는 마음
아— 12월,
우체국을 다녀와선
서둘러 기차를 타야겠다
폭! 폭! 눈은 내리고.

3월로 가는 길

— 동백섬에서

어느 시인은
2월에서 3월로 건너가는
길목의 바람결에는
싱그러운 미나리 냄새가 난다고 했다

남해
동백섬
섬자락
동백꽃
뚝뚝, 흘린 핏자국

아— 2월에서 3월로 가는
동백섬의 길목은
왜 이리 목이 멜까.

2017년 1월 11일

— 황금찬 선생님을 뵙고

선생님께서는 강원도 산중(횡성)에
유난히 반짝이는 시詩의 별로 계시었습니다
거실의 커다란 유리창 벽을 사이에 두고, 오늘도
수런수런 나무들과 시詩 한 수씩 주고받으셨습니까

봄·여름·가을·겨울, 연주하는 새들은
오늘은 어떤 곡을 연주하고 날아갔습니까

선생님이 좋아하시는
슈만의 곡이었습니까
슈벨트의
미완성 교향곡 제2악장이었습니까
선생님께서
들어도 들어도 싫지 않다시던
베토벤의 제5번 〈운명〉 1악장이었습니까

선생님,
저희는 겨울에 지나는 바람처럼
선생님 곁 잠시 머물다 가지만
다시, 봄은 오고

유리창 너머
저 등성이 마다는
참꽃이,
선생님의 서러운 참꽃이
눈물 나게 피겠습니다.

* 2017년, 올해로 백수를 맞으시는
강원도 횡성에 계시는 황금찬 선생님을 찾아뵙고
이 글을 씁니다. /2017.1

참꽃(진달래)

“예쁘다 예쁘다
우리 딸
저기 저 참꽃만치 예쁘다”시던
어머니가 그리운 날
참꽃 핀
그 산에 가고 싶네

산에 산에 산에는
봄이면 봄마다
참꽃은 피는데
어머니는 어디신가

산이면 산마다
봄이면 봄마다 피는
아—, 저 고운
참꽃!
예쁘다 예쁘다
참, 예쁘다

나는, 여기 가슴이 젖고…

나의 슬픔에게·1

아이야!

그때 그 어리고 어린 얼굴 환- 한 미소로 자랐구나 그래! 그래! 슬픔이야 안으로 안으로 삭이는 거지 이 우주 속, 먼길 가는데 어찌 슬픔이라고 슬픔뿐이겠는가 때로는 사랑도 슬픔이었다가 그리움도 슬픔이었다가, 슬픔이 눈물이라면 아이야! 아이야! 행복도 눈물이더라 감사함도 눈물이더라

슬픔에 잠겨 별에게 위로받던
그때가 언제인가

참 멀리도 왔구나
함께 걸어온
사랑도 그리고, 그리움도
별처럼 아름다운 슬픔이었다.

봄으로 가는 길
— 어지럼증 후기

긴 겨울의 터널을 건너기 위해선
바람이 불어야 한다

누웠던 풀잎도 바람이 한 번 세차게 흔들어 주어야
묵은 생각 털어내고 새로운 생을 일으킬 수 있나니

내 머릿속에도 혹한 바람이 한 번 스치고 지나나 보다
세상이 흔들리고 내장까지 울렁거린다

절필의 긴 겨울을 지나고 봄을 맞기 위해
내게도 바람이 불었나 보다

바람이 잦고 나니 창에 드는 햇살
오늘따라 유난히 맑다
세상의 새로움처럼.

현주소

지금 내가 서 있는 곳은 인생 7부쯤의 능선이겠다 멀리 보이던 하늘은 한결 가까워지고 밤하늘 그 수많은 별빛도 내게 주어진 삶의 시간처럼 한둘 소멸되어 갔나 보다 세상은 넓다지만 내 머물던 곳 어느 신神의 손바닥만 한 곳이었지 싶다 가는 곳마다 정 붙이고 살아온 삶의 공간 돌아보면, 아름답고 행복한 그림이다

창밖으로 보이는 고요한 길
참— 멀리도 왔나 보다
내 곁, 모두는 어디로 갔을까
영등포 H 아파트 304동 1302호
아— 여기가,
인생 7부쯤의 능선을 넘고 있는
가장 한적한, 공간
나의 현주소이다.

제3부

길 위에서

용서
— 어느 봄날

용서하리라
생을 다해
사랑하게 한 죄, 당신

봄이 가고 여름, 가을, 겨울이
몇 번을 오고 갔을까

천 년 만 년
그대로 영원할 것 같던
우리 사랑

빛바랜 머리칼
흐려지는 눈빛
남은 생은 얼마일까

아—, 저
환장하게 할 봄은 다시 오고.

지나온 날

저만치 70여 년의 세월이
마중을 하고

지나온 날, 돌아보면
스크린(screen)에도 없는 것이
내 기억 속에는 한 폭 한 폭의 그림처럼
선명하다

지금은 어디에도,
어디에도 없는 것이
내 기억 속에서만
선명한 그림

나의 전생이었을까

생生의 찬가讚歌
— 돋고 또 돋는 민들레를 보며

산마다 들마다
돋고 또 돋는
민들레
생명에 대한 저 염원의 눈빛
이 아름다운 세상
산다는 것만으로도
얼마나 신선한 감동인가

한 가지에 나
돌도 채 못 넘기고 먼저 간
5남매 내 형제들의 짧디짧은 생生
살아 있음만으로도
이토록 아름다운 것을…

봄이면 돋고 돋는 민들레 새순에서
생명에 대한 애틋함을 만난다

내 형제들도 저 민들레처럼
어느 곳쯤,
그 생生 다시 피웠을까.

칸나

사랑해야지
한 번쯤 뜨겁게
사랑해야지

오르다, 오르다,
줄기 따라 오르다
(정상일까, 허공일까)
생生의 푸른 공간 속
한 번쯤 불-끈
솟고 싶은 거야

심장처럼 뜨거운
붉은 입술
터질 듯, 터질 듯
말하고 싶은 거야

사랑!
한다고.

길

가고 있습니다
자동차도 가고 사람도 가고
바람도 가고 구름도 가고
모두모두 열심히 가고 있습니다
앞으로, 앞으로만 가고 있습니다

무언가 열심히 찾고 있는 것만 같은데
그렇게 가다 보면
찾고 있는 걸 찾을지 모르겠습니다

들길, 산길, 그리고 바닷길, 하늘길
굽은 길 곧은 길
우리 이렇게 열심히 가다 보면
찾고 있는 걸 찾을지 모르겠습니다.

어머니의 사랑 법

어머니처럼은 사랑하지 말 것을
이 푸른 오월이 가슴 시리도록 휑-한 걸
사랑한 기억 때문일 거야

사월에 봄이 지은 꽃밥
그렇게 배불리 먹고도
오월이, 푸름으로 꽉-차 오는
이, 오월이
이리도 허虛한 것을…

어머님의 그 사랑 법은 배우지 말 것을
근근한 외진 꽃잎
한 마리 나비마저 또 어디론가 훨훨 날아가고
빈 꽃대,
바람에 흔들리며 쓸쓸히 웃고 있다
어머니가 웃고 있다
나도 웃고 있다.

길 위에서

옛날이야기 같은 추억이 길 위에 하얗게 눕는 날
길은, 그리움이었다가 슬픔이었다가 사랑이었다가
다시, 작은 꽃들이 아이들 웃음처럼 톡! 톡! 터지며
피어나던 소박한 언덕이었다가

바람이,
바람이 계절보다 먼저 와 누우면
아— 풀은 마구마구 자라나고
내 안에 그리움도 길 따라 바람 따라
마구 자란 저 풀잎만 같구나.

꽃처럼

나, 처음
이 땅에 올 적엔
꽃처럼 피고 싶었어요
언제나 꽃처럼, 환한
미소이고 싶었어요
꽃처럼 사랑하고
꽃처럼 사랑받는
세상을 환히 밝히는
꽃이고 싶었어요
나처럼 외로운 이들에게
작은 위로가 되고
바람도, 나비도, 햇살도
환한 미소에 행복해하는
꽃이고 싶었어요
산에 들에 피었다 지는 꽃처럼
나, 이 땅에 왔다가 가는
하나의,
의미가 되고 싶었어요.

관계關係 ·1
— 엄마와 아기

아기에게 엄마는 세상의 전부다

생명 줄로 이어진
거룩한 관계關係

엄마는 아기만 품에 안으면
세상을 다 품은 거다

엄마에게 아기는 삶의 전부다.

꽃

나, 꽃이면 좋겠다

누구나
나를 보면
꽃 본 듯,
행복하면 좋겠다

나, 사는 동안
세상에
꽃이면 좋겠다.

그대

저만치 길을 가는
그대,
그대는 아름답습니다
보이는 모습
그대로
아름답습니다

때로는 빌딩 사이 아스팔트 길 때로는 숲으로 난 오솔길
외롭다가 슬프다가 그리고, 가끔은 행복하다가…

길을 가는, 그대
그대는 그대일 수도
나일 수도

그대와 나, 우리는
이 땅에 보이는 모습 그대로
아름답습니다

어느 곳쯤에 있어도
우리는 한 폭의 그림입니다
우리 모습 그대로
우리는 충분히 아름답습니다.

꽃은 피는데
— 황금찬 선생님 영정 앞에서

2017년 4월 8일, 꽃은 피는데
다투어 피는데… 선생님은 가셨습니다
언제나 사랑 가득 함뿍 웃음 따듯도 하셨는데
꽃피는 4월, 4월에… 참꽃 따던 어머님 곁으로
그리운 어머님 곁으로 가셨습니까
선생님께서 노래하시던 하늘나라 별 중의 별!
선생님! 이제 저희 가슴에 그 별로 계시렵니까

어느새 선생님의 그 다정하심이, 푸근하심이
그리워집니다, 그리고 언제나 온화하시던
그 음성이 그리워집니다
가시는 길 온 천지 꽃은 피고
하늘은 참 맑기도 합니다
가슴은 메이고… 선생님! 안녕히 가십시오
선생님의 백 년 세월 우리들 가슴, 가슴
영원하시고 하늘나라에서 평안하소서!

꽃의 나라

단지, 그들은
한 줌의 축축한 흙과 하늘을 사랑했을 뿐이다
아침 산책길 보도블록 사이마다
풀꽃들이 목줄기만 비집고 하늘을 본다
알지 못하는 힘 센 자들에 의해
하늘이 무너지는 아픔도 알았다
그러나 누가 그들의 삶을 힘으로 누르랴

어느 마음 착한 이가 꽃을 사랑했나 보다
차들이 질주하는 도로 한 편
블록으로 울을 치고 그들만의
삼각주 마을을 세워 주었다
그곳에는 임금도 신하도 없었다
작은 꽃도 큰 꽃도
시샘도 자랑도 없었다
그냥, 평화로웠다
노란 씀바귀 꽃, 패랭이꽃, 토끼풀꽃,
그리고 쑥부쟁이까지…

가정家庭
— 2017년 11월 24일 밤에

영등포 제9회 구상문학상 시상식
문단 원로분들 많이 오셨다
수상자분에 대한 축하의 마음과 함께 마친
저녁 만찬 후,
우리 문단 큰 별이신 L 시인님
웃옷을 걸치신다
“가시게요?”하고 여쭈니
가야지요, 가정으로…
거리는 어느새
어둠으로 잠잠한데
가정으로,
그 가정이라는 말이
왜 그리 푸근하게 들렸는지

21세기 산업화 핵가족이 빚어낸
혼밥이니, 혼술이니…
아- 쓸쓸한 그림

일터의 일을 마치고
늦은 저녁,

삽작문을 밀치고
들어서시던 아버지
그 정겨움,
오늘 시인님의
"가야지요, 가정으로"라는 말씀에
그때 그 폭폭 눈 쌓인 저녁
둥근 밥상 앞 둘러앉은 가족의 가정이
그리워지는 밤이다.

군자란을 키우며

내게 와 십 년은 되었을까?
군자란을 키우며
푸른빛 묵묵한 그에게서
내 모습을 본다

처음 몇 년
내 젊은 그때처럼
푸르고 싱싱하고
해마다 봄이면 꽃을 피우고
쑥-쑥- 새 가지를 돋아 낸다

새순, 한 가지 두 가지…
불쑥불쑥 자란 놈들
내가 내 아이들을 그랬듯
이제 어미 몸에서 떼어 내어
홀로서기를 시켜야 한다

한 놈 한 놈 따로 떼어
분마다 다독다독 흙을 채워 준다
이놈들 처음 이삼 년 몸살을 한다

서툰 세상 홀로서기
자기와의 싸움도 힘겨웠으리라

올해는 어리게만 보이던 군자란
두어 화분 꽃을 피웠다, 대견하다
홀로 세우기 성공이다

생살 같은 놈들 떼어 내고
쪼그라든 어미 화분
그래도 넉넉한 눈빛이다.

가을과 시인

가을과 시인 함께 가는 길
바람은 우수수 시간을 재촉하고

사랑하고 사랑하며
살아온 삶!
타는 듯, 타는 듯
아—.
가을은 채색으로 시인은 가슴으로…

시를,
쓴다.

그는, 세상을 다 가졌다

한 해가 저물어 가는 어느 날
신도림역 지하철 입구 발걸음 가벼운
한 노숙인, 세상을 다 가진 표정이다
한 손엔 반으로 접은 토스트 한 입
베어 문 채, 아— 그는 세상을 다 가졌다
다른 한 손엔 마대 포 자루에
그의 가벼운 삶을 반쯤 차게 담고
다시, 그는 세상을 다 가졌다
구세군 냄비는 딸랑딸랑 혼자 울리고
오늘 밤엔 먼 곳에서부터 펑펑 눈이라도
내리겠다. 그는 세상을 다 가지고.

괜찮다, 괜찮다

괜찮다, 괜찮다
우리 사랑하기 때문에 괜찮다
꿈이 있는 언어로
은하에 별무늬 수繡를 놓고
앉은뱅이 꽃밭에 꽃을 심어
하늘 향해 꽃이 피는
환희의,
그 순간의 기쁨을 나는 기억한다
세월은 가고…
별무늬 흐려지고
꽃잎 떨어져
바람에 흩어진다 해도
괜찮다, 괜찮다
울지 않는다
별처럼 많고 많은 세상
돌고 돌아,
하나처럼 간직한 사랑
괜찮다, 영원으로 가는 층계 길
창밖에 바람이 분다.

낙엽이 부르는 노래

12월,
바람이 붑니다
그대, 낙엽이여!
한 걸음 한 걸음 떠나지 못해
길목마다 수북수북 쌓여있네요

후루룩후루룩
바람이
재촉하네요

그대, 저만치 가다가 다시 멈추네요
돌아보고 돌아봐도 사랑이었지요
사랑하고 사랑하며 살아낸 삶
누군가의 가슴 가슴
아름다움으로 남을 거예요

다시, 바람이 부네요
바스락바스락
그대, 가슴으로 부르는 노래
우리 모두의 노래입니다.

나는, 지금 어디쯤 가고 있을까

둥둥! 구름이 떠간다 내가 간다 어느 세상에서부터 왔는지 어디쯤 가고 있는지 아마도 그 빠르기는 빛의 속도였지 싶다 나는 오늘도 바람의 등에 업혀 스치듯 지나는 나의 삶의 시간과 공간을 통과하고 있다 멀리 보이는 세상의 풍경은 고요한데 저- 세상 안에 꽃은 여러 번 피었다 지고 바람도 여러 번 오고 갔나 보다 나의 사랑은 어느 때쯤인가 별을 헤며 노래하던 시간도 눈빛 마주한 분홍빛 사랑도 어느새 은하의 길처럼 아득하다

아—, 그랬구나, 그랬구나!

나는 내 어머니 아버지 사랑스러운 딸이었다가
꿈 많은 소녀였다가 사랑하고 사랑하는 연인이었다가
행복한 엄마였다가…

아름다웠다고 말하고 싶은
나의 삶이여!
시간이여!
아—, 여기는 어디쯤인가

제4부

나를 위한 노래

남도 길

— 여행길에서

자동차를 타고 달리는
전라,
남도 길
창으로 보이는
7월의 산이
순하고,
들녘이 평온하다
흰옷을 즐겨 입은
우리, 백의의 민족
그 순수함
여기서부터였나 보다
아— 이대로 천 년,
평온하시라
순하고 순한
저 푸른빛 땅이여!

낙안읍성樂安邑城

안녕하십니까?
여기, 낙안읍성樂安邑城
600여 년 전부터의
바람이여!
흙이여!
하늘에 구름이여!
그대로 안녕하시군요

읍성 내
백성들은
여전히 편안해 보이십니다
마차라도 다녔을 법한 길 하나 사이에 두고
관아가 편안히 백성을 지키시니
산도, 들도
성안이 600년 이래
그대로 평안합니다

초가집 사립문 밀면
마당가 나풀나풀 꽃잎 위 나는 나비
언제 적 나비일까

꽃밭 옆 장독대 어머니의 항아리는
그 자리 또 얼마를 지켰을까

저만치 가고 가는 시간이여!
세월이여! 가고 가시라
여기, 낙안읍성樂安邑城
이대로 천 년,
훗날 오시는 이도
오늘처럼 반겨 맞겠네.

* 낙안읍성은 전남 순천시 낙안면 동, 서, 남대리 299-1번지에 위치한 조선 시대 읍성으로 1983년 6.14일 대한민국 사적 제302호로 지정되었다. 1908년까지 존속된 낙안군 중심지였으며 임경업 장군이 쌓았다는 성곽과 내부 마을이 원형에 가깝게 보존되어 역사적 가치가 높다. 현재 전통 한옥과 실재 주민이 거주 중이다.
〈위키백과 참조〉

남산에 올라
— 영문협 문학기행에서

2017년 5월,
5월에…
우리는 케이블카를 타고
남산 타워까지 올랐다
멀리 경복궁이 보이고
북악산 아래 청와대가 보인다

조선조부터의 우리 민족의 중심
눈으로 역사의 흐름을 읽는다
봉수대 우뚝한 정상을 돌아
숲으로 난 길,
한양성을 지키던
돌로 쌓아 올린 성곽이
옛 선조들의 숨결을 안고 있다

외세를 이겨낸
유구한 우리 민족의 터전
서울 천 년에 개봉될,
1994년 타임캡슐에 담긴

한양성 600년, 그리고
다시, 400년 후(2394년)
대한의 모습은 어떠할까
내가 지나는 이 길
21세기,
산 아래 대한의 수도 서울은
고요한 함성으로 잔잔하다.

나를 위한 노래

별처럼 많고 많은 삶 중에 주어진 삶이, 들에 산에 아무렇게나 자란 풀처럼 소박하다 해서 슬퍼할 일은 아니다 밤하늘 홀로 깜박이는 별처럼 외롭다 해서 쓸쓸하다고 할 일만은 아니다 늘— 저만치 있는 것 같은 세상의 모두는 내가 긍정으로 부르면 긍정으로 오고 사랑으로 부르면 사랑으로 온다 해와 달, 그리고 별, 그리고… 길섶의 작은 풀꽃이 그렇고 내가 보고 자란 늘 푸른 산이 그렇고 노래하듯 흐르는 맑은 시냇물이 그렇고,

가난한 나는 외로운 나는
그들이 있어 행복할 수 있었다

이 넓고 넓은 우주 속, 가다가 만난
이 아름다운 세상에서의 삶
풀꽃 같은 삶이면 어떠한가
이 또한, 아름답지 않은가.

별들의 고향
— 어느 가을날

우수수-
별빛이 쏟아질 듯 서러운 밤
어둠이 짙을수록 그리움은 또렷하고
저 수많은 별들,
고향은 지상이었을 게다
초원의 작은 풀꽃들, 그리고
찌륵찌륵 찌륵이던 풀숲의 풀벌레들
초롱초롱 나무숲 오가던 작은 새들
그렇게 훌쩍 떠난 걸 보면
그들이 간 곳은 멀고 먼 별나라일 게다
별이 된 게다, 아— 별이 된 것야!
그리워해 본 사람은 안다
밤이면 밤마다 그토록 반짝이는 건
이제는 닿을 수 없는
지상에서의 그리움 때문일 게다.

성자가 된 나무

"보시오, 내 생은 이랬소."라는 듯
수백 년을 살아냈을 듯한
나무!
가슴을 열고 누웠다
긴긴 세월 한 잎의 잎을 피우기 위해
그대, 나고 들던 고단한 물길
그리고 늘- 젖은 입술로
태양, 그리고 바람을 사랑한 흔적도 보인다
한 생을 사는데
더러는 희망을 더러는 슬픔을 노래하기도 했을
가슴속 깊이 일기처럼 써둔
차라리 서러워 감추고 싶었던
푸르디푸른, 생生의 이야기는
왜 없었겠는가
나무여! 경배하노니
돌아가고 난 먼 훗날에까지
가슴을 열어 보일 수 있는
그대, 성스러운 나무여!
이제, 하늘에 평안히 별이 되셨겠다
나도 언젠가 이 아름다운 세상

잘 살고 가는 날, 그대처럼
"나 이렇게 살았노라."
내 가슴의 모두를 열어 보일 수 있을까?

봄의 난타

들리지 않는가
봄의 난타
살아 있는 소리다
생명의 소리다

두두두두 다다다다…
본래 살아 있는 생명의 소리는
복잡 다난하다

저 깊은 거목의 뿌리
둥- 둥- 둥- 물 길어 올리는 소리
쉬쉬 솨솨
가지마다 물이 오르고

개나리, 진달래는 잎눈마다
톡톡 툭툭, 아- 저 자진모리장단의
생명의 소리여!

봄은 올해도 한바탕
일 내려나 보다

이 봄날, 우리
또 한 번 살맛 나겠다.

봄날, 온통 꽃밭이다

봄날,
온통 꽃밭이다

겨울을 지나온
힘겨운 세상사
뿌리 밑
깊이 묻고

도란도란
길목마다
사랑도 미움도
다시,
꽃으로 피었나 보다

너와 나의 봄날도 그랬다

우리 그때처럼
오늘, 여기
온통 꽃밭이다
환-한 봄날이다.

숲속의 하루

창 너머 사랑의 숲속 고요가 내린다

고대의 페르샤 궁전 같은 비밀스런 숲은
오늘도 또 한 번의 신비를 안갯속에 묻고 있다

한낮, 숲의 궁전
꽃의 정령精靈과 꿀벌의 에로스적 사랑은
정오에 클라이맥스 절정을 이루고
서서히 숨 고르기에 들더니, 해 질 녘
안개빛 커튼으로 허니문 창을 가리고 있다

어둠이 내리는 나의 창가엔
다시, 내일을 노래할
풀벌레,
풀숲 드는 소리가 평화롭다.

나는, 산山 아이

산 위로 방긋! 해가 뜨고 산 뒤로 까꿍! 해가 지는
내 고향 단양은, 빙빙! 산으로 둘러싸인 아름다운 곳
나는 응아! 하고 산을 보고 태어나 산을 보며 자란
세상이 모두 산山인 줄만 알고 자란, 산山 아이
산山에서부터 흐르는 물소리는 졸졸졸! 언제나 맑고
투명했다 산山에서부터 부는 바람은 초가집 마당까지
청아한 새소리와 함께 솔향까지 실어 불었다 어머니 품만
같은 그 소리! 그 향기! 멀리 보이는 산등성, 그 안의
어린 날 토끼처럼 뛰고 놀던 숲길! 산山은, 영원한
내 안의 그리움… 내 안의 치유의 동산.

바닷가 우체통

동해 바다 언덕 위
빨간 우체통
언제부터일까
누군가의 그리움의 눈빛처럼
수평선 끝 바다를 보고 있다
뚜우— 뚜
오고 가는 뱃고동 소리
오늘은 기쁜 소식 안고 올까
천 년 전부터의 기다림 같은,
쏴아— 쏴
파도 소리 애달프다.

산이 하는 사랑
— 안개 걷히는 산을 보며

사랑의 힘은 위대하다
산도 분명 사랑을 한다
산이 사는 저 세상에도 천 년, 그리고 만 년
우리 알지 못하는 비밀이 있음이다
어젯밤 내내 그녀와 어떤 믿음의 어떤 약속의
말을 주고받았는지 알 수는 없다

먼동 트기 전
산의 기상을 보라
말쑥한 얼굴
당당한 어깨
사랑하지 않고
저처럼 당당할 수 있을까

나는 보았다
산허리 돌아가는
실루엣처럼 보드란
하-얀 치맛자락

그곳엔,
천 년
푸른
숨은 사랑이 있었다.

바람이 시詩를 쓴다

누군가 지나간
길,
사연이 많다

그 뒤를 따라
바람이
시詩를 쓴다

초록이 자라
시를 읽고
세상은
다시,
책장을 넘긴다.

물의 시학詩學
— 고향의 냇가에서

물은 흐른다
찰찰 찰찰
그때나 지금이나
한결같다

물은 살아 있는
우주다

사람은 오고, 또 가지만
흐르는 저 물은
영원을 노래한다.

바람이 된 집

나는 끝내
그를 다시 찾지 못했다
아-, 바람이 된
집,

내가 처음 세상에 올 적
내 어머니 그 지독한 산통을
지켜봐 주던
집,

허름한 흙벽으로
칠 년 뒤면
이별해야 하는
가엾은 그 어머니와 아이를
감싸 안아 주던 집

운명은,
약속이라도 되어 있는 듯
어머니는 가시고…

그랬다, 그 집은
슬픈 아이를 위해
철 따라,
뒤뜰엔 감꽃이요 앵두화를 피우고
여름이면,
앞마당 대추나무 푸른 가지 숲에서 들리는
매미 소리 슬픔을 달래주고
밤이면 마당 가득 별을 모아
풀벌레 소리로 잠들게 하던
집,
아-, 이제는 바람이 된
나는 끝내 그를 다시 찾지 못했다.

작은 나무의 열매

그래, 아무나 열매를 맺는 건 아니지

작은 나무야! 자랑해도 좋겠다
빨갛고 잘- 영근 열매

잎을 지운 키가 작은 나무야
벗은 가지 시려워 마라

산 밑 조그만 마을에서 들려오는 이야기처럼
오늘 밤, 네 열매들의 소곤거림
참, 예쁘다.

길을 잃었다

세상에 태어나 살아온 길, 50년대부터 2021년까지
가난한 50년, 60년 70년대, 70년대부터의 신접살림
삼 남매의 엄마가 되고, 손주 손녀가 여섯인
할머니가 되고…
참, 많이도 왔나 보다
주어진 길, 굽으면 굽은 대로 좁으면 좁은 대로
가난하고 힘들어도 감사함으로 걸었다

걷고 걸어온 길, 70여 년
인생길 7부 능선은 넘은 듯한데
코로나19가 점령한, 살아 보지 못한 세상

아- 여기서, 길을 잃었다
어둔 밤 저 멀리 별은 반짝이는데…

고요한 밥상

오늘 아침
고요한 식탁
난, 웃고 있다

큰아이는 제육볶음을 좋아하고 둘째는 감자조림
막내는 철없이 제육볶음 비곗살이 좋다더니…

이른 아침 바쁜 수저 소리
이제 기억조차 가물 해지고

창밖엔 어제 내린 눈
시린 만큼 남아 있다.

파문波紋

산책길,
언젠가 읽은 글귀 한 구절 떠오른다
어느 큰 보살이 길을 가다
길가에 뒹굴 다 부식되어가는 해골을 보고
큰절을 올리니.
제자가 묻기를
“어찌 그리하십니까?”
그 큰 보살님 말씀이
“저 해골은 아마 어느 생에 내 부모, 조부모였을지
몰라서이다”라고 했다, 한다
몹시도 추운 날 하늘은 맑고
문득 바라본 교각 밑 비둘기 한 쌍
물어온 마른 풀잎을 쪼고 있었다
내 가슴에 이는 파문波紋…
저 외로운 비둘기 한 쌍
어느 생에 내 어머니 아버지는 아니었을까?
발끝에 툭-, 돌부리 하나 걸린다.

바람의 노래
— 허물어진 옛 집터에서

그래, 바람은 천 년은 살겠다 우리 삶이 길어야 백 년이라면 바람은 천 년을 살고도 남겠다 집은 허물어지고 사람이, 전설처럼 살다 간 자리 바람이 살고 있다 할아버지 할머니 살고지고 어머니 아버지 나 낳아 살고지고 산을 보고 살고지고 해를 보고 살고지고 별을 보고 살고지고… 사람은 가고 바람은, 꽃이 피면 꽃과 놀고 세월 오면 세월 만나 그래- 그래 천 년은 살겠구나 여기, 우- 우 노래하며 살겠구나.

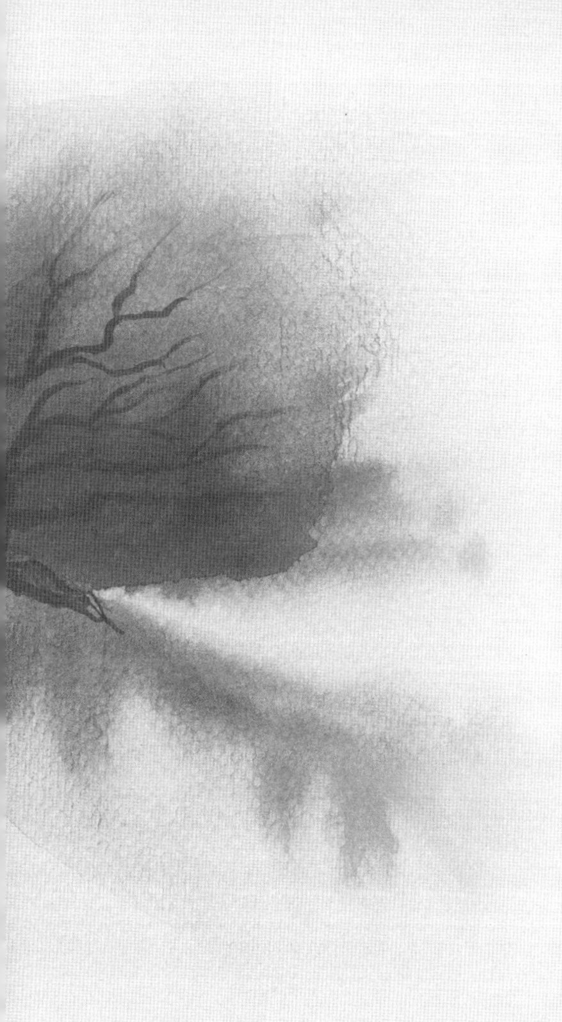

최영희 제5시집

나는 바람과 함께 세상을 걸었다

계간문예시인선 179

최영희 시집 _ 나는, 바람과 함께 세상을 걸었다

초판 인쇄 2022년 11월 30일
초판 발행 2022년 12월 10일

지 은 이 최영희
회 장 서정환
발 행 인 정종명
편집주간 차윤옥

펴 낸 곳 도서출판 계간문예
주 소 03132 서울 종로구 삼일대로 30길 21 종로오피스텔 1209호
전 화 (02) 3675-5633 팩스 (02) 766-4052
이 메 일 munin5633@naver.com
홈페이지 http://cafe.daum.net/quarterly2015
등 록 2005년 3월 9일 제300-2005-34호
연 락 처 03132 서울 종로구 삼일대로 32길 36 운현신화타워 305호
인 쇄 54991 전북 전주시 완산구 공북1길 16, 신아출판사
ISBN 978-89-6554-262-9 04810
ISBN 978-89-6554-118-9 (세트)

값 10,000원